1 | Bahnhof

Fahrplan »Heide-Express« www.heide-express.de

Der Bahnhof Lüneburg ist der ideale Ausgangspunkt für einen Rundgang durch die Altstadt. An der Eisenbahnlinie Hamburg – Hannover gelegen, wurde Lüneburg 1847 an den Bahnverkehr angeschlossen, und binnen weniger Jahre verlagerte sich der Warentransport vom Wasser auf die Schiene. Der Bahnhof bestand aus zwei Bahnhöfen mit je einem Empfangsgebäude. In der Wartehalle der heute noch genutzten Station Lüneburg Ost vermitteln zwei 1939 von Hugo Friedrich Hartmann geschaffene Wandbilder einen ersten Eindruck der Stadt. Der gegenüberliegende, der Innenstadt zugewandte Bahnhof Lüneburg West wurde im spätklassizistischen Stil errichtet. Seit 2004 ist Lüneburg Mitglied im Hamburger Verkehrsverbund, dessen nördlich gelegene Metropole in nur 30 Minuten erreichbar ist. Die 1981 gegründete Arbeitsgemeinschaft Verkehrsfreunde Lüneburg e. V. betreibt mit historischen Fahrzeugen den »Heide-Express« zu verschiedenen Zielen in der **Lüneburger Heide** sowie den »Heide-Elbe-Express«, der das östlich von Lüneburg in der Elbtalaue gelegene Bleckede ansteuert.

Lüneburger Heide

Südlich von Lüneburg erstreckt sich auf über 7400 km^2 der Natur- und Kulturraum Lüneburger Heide. Sie bietet besonders während der Blütezeit im August einen atemberaubenden Anblick. Da die Rodung der dichten Wälder bereits in der Bronzezeit einsetzte, ist die Heide vermutlich nicht erst durch den Brennholzbedarf der Lüneburger Saline entstanden. In der abwechslungsreichen Heide-, Geest- und Waldlandschaft finden sich neben flachen Ebenen breite Höhenrücken (höchste Erhebung ist der Wilseder Berg mit 169 Metern), Hochplateaus und Flussniederungen.

2 | Historisches Kaufhaus

Kulinarisches
Lüneburg und Umgebung sind für zahlreiche Leckereien bekannt. Zu den beliebtesten Fischgerichten zählen seit jeher Stint und Matjes, aber auch Aal, Forelle und Makrele. Auf dem heimischen Speiseplan findet man ferner den Heidschnucken-Braten des gleichnamigen Heideschafs sowie in Schweinespeck gebratene Buchweizenpfannkuchen. Aus der Heide stammen Spargel, Kartoffeln, Heidelbeeren und schmackhafter Honig. Außerdem verlieh die Gegend dem »Heidesand« seinen Namen: ein helles, sandig aussehendes Keksgebäck, das förmlich auf der Zunge zergeht.

Galerie im Alten Kaufhaus 9–21 Uhr

Anschließend führt die Lünertorstraße in das Wasserviertel, den jüngsten der vier Lüneburger Siedlungsbereiche. Hat man zwei klassizistische Villen aus der Mitte des 19. Jahrhunderts passiert, erblickt man linker Hand ein Backsteingebäude (Nr. 4) mit reich verziertem Giebel, hoher Diele und zwei das Portal flankierende Utluchten. Auf der anderen Straßenseite erhebt sich an der Ecke zur Kaufhausstraße ein manieristisches Gebäude aus dem 16. Jahrhundert mit Schmuckteilen aus Sandstein.

Gegenüber liegt das historische Kaufhaus. Sein ursprünglicher Name »Heringhus« verweist auf das neben Salz wichtigste mittelalterliche Handelsgut von Lüneburg, das hier verkauft und gelagert wurde: Ostseehering. Am Kaufhaus endete der Wasserweg, und die Waren wurden entweder auf den Landverkehr umgeladen oder im Kaufhaus gelagert.

Nach einem Brand 1959 blieb nur die barocke Schaufassade mit Dachreiter aus der Mitte des 18. Jahrhunderts erhalten. Der 1966 eingeweihte Neubau beherbergte fortan die Feuerwache. Seit 2010 ist das Alte Kaufhaus ein Hotel, in dessen Untergeschoss zeitgenössische Kunst präsentiert wird. Am anderen Ufer befand sich mit dem Viskulenhof einer der größten Handelshöfe der Stadt.

3 | Alter Kran

Untrennbar mit dem Kaufhaus verbunden ist Lüneburgs heimliches Wahrzeichen: der Alte Kran. Ohne ihn wäre der Betrieb der Lüneburger Saline undenkbar gewesen, denn hier wurde zunächst das Brennholz angelandet für die Herstellung des Salzes, das anschließend an gleicher Stelle als »weißes Gold« verschifft wurde. 1330 erstmals urkundlich erwähnt, wurde der Kran über die Jahrhunderte mehrfach umgebaut. Nachdem ein Hochwasser mit Eisgang im Winter 1795 den Kran und andere Hafengebäude beschädigt hatte, wurde er 1797 neu aufgebaut. Die Fachwerkkonstruktion ist zum Wetterschutz mit Brettern verkleidet. Im Inneren des feststehenden Unterbaus mit einem Durchmesser von acht Metern befindet sich eine senkrechte, neun Meter hohe Welle, an der oben das drehbare Krangehäuse mit dem Kranarm befestigt ist. Zum Bewegen des Kranseils dienen zwei große Laufräder und als Gegengewicht zur Last vier Steinblöcke von jeweils 200 Kilogramm Gewicht.

Für die Benutzung des Krans musste laut der ersten Kaufhausordnung von 1587 Krangeld entrichtet werden. Eine weitere Verordnung legte fest, dass »große 6, 8, 9–12 Schiffspfund haltende Kisten, Fässer und Packen« ausschließlich von dem Kran und nicht von den Winden des benachbarten Kaufhauses gehoben werden durften. Seine wohl schwerste Last hob der Kran im Jahre 1840. Für eine in England gefertigte, laut Augenzeugenberichten über neun Tonnen schwere Dampflokomotive waren 38 Menschen vonnöten, um das Tretrad in Bewegung zu setzen. Ironie der Geschichte: Als sich einige Jahre später der Warentransport vom Wasser auf die Schiene verlagerte und sich das »Gespenst der Eisenbahnen« immer weiter verbreitete, verlor der Ilmenau-Hafen seine wirtschaftliche Bedeutung. 1860 stellte der Kran, obwohl voll funktionsfähig, seine Arbeit ein.

Bei den Booten in der Ilmenau handelt es sich um originalgetreue Nachbauten. Das vom Alten Kran aus

In der nahegelegenen Reichenbachstraße 2 befindet sich die 1995 gegründete **Halle für Kunst**. Ziel des gemeinnützigen Vereins ist es, in Lüneburg und der Region zeitgenössische Kunst zu fördern, zu präsentieren und an ein breites Publikum zu vermitteln. Jährlich werden vier bis fünf Ausstellungen, Projekte und Veranstaltungsreihen präsentiert, das Programm reicht dabei von Workshops über Vorträge bis zu Filmvorführungen. Von Bedeutung ist hierbei die Förderung vor allem junger Künstler und Künstlerinnen, welche sich auf relevante Fragestellungen beziehen, die die zeitgenössische Kunst und deren Produktionsbedingungen betreffen (während Ausstellungen Mi–So 14–18 Uhr und nach Vereinbarung Tel. 04131 40 20 01).

gesehen vordere ist ein Ewer, mit dem das Salz auf der Ilmenau verschifft wurde. Im 16. und 17. Jahrhundert waren über 50 solcher Schiffe in Lüneburg beheimatet, die jeweils bis zu 20 Tonnen laden konnten. Der flachere Prahm transportierte das Salz auf dem in den 1390er Jahren gebauten Stecknitzkanal nach Lübeck.

4 | Lüner Mühle

Über den Fischmarkt gelangt man zur Lüner Mühle, einem sehenswerten Fachwerkbau mit Ziegelmuster, vorkragendem Obergeschoss und hohem Krüppelwalmdach. Die Korn- und Ölmühle, die einst zum Kloster Lüne (siehe S. 46) gehörte und deren Standort seit Ende des 14. Jahrhunderts bezeugt ist, wurde 1576 erbaut und nach einem Brand 1983 originalgetreu wiedererrichtet. Am Hafen der Ilmenau gelegen, wurde die Mühle oberschlächtig mit drei Wasserrädern betrieben. 1999 bzw. 2002 umfassend saniert, ist die Lüner Mühle heute Bestandteil des »Romantik Hotels Bergström«.

5 | Abtsmühle mit Abtswasserkunst

Die Brausebrücke, von der aus man die Karpfen im Mühlenteich beobachten kann, führt zur Abtswasserkunst, die zu den ältesten Wasserspeichern in Deutschland zählt. Der fünfgeschossige Turm wurde 1530 auf Initiative und Kosten des Michaelisklosters und der Lüneburger Bierbrauer als Wasserspeicher errichtet und versorgte noch bis Mitte des 20. Jahrhunderts mehrere Brauhäuser mit dem kostbaren Nass der Ilmenau. Der Durchgang, geschaffen 1904, führt zur ehemaligen Abtsmühle. Das heutige Gebäude stammt aus dem Jahr 1880. Noch bis Mitte der 1990er Jahre stellte die »Abts- und Lüner Mühle GmbH« hier Roggenmehl her. Seit ihrer Komplettrenovierung ist auch die Abtsmühle Teil des »Bergströms«. Der Mühlenstandort selbst tauchte erstmals 1147 in den Urkunden auf, als Herzog Heinrich der Löwe die »Nedderste Molen« (Niedermühle) dem Abt des Michaelisklosters schenkte.

»Rote Rosen«
Seit 2006 ist Lüneburg Drehort für die Telenovela »Rote Rosen«, die wochentags in der ARD und mittlerweile auch in Österreich, Italien und der Schweiz gesendet wird. Als Schauplätze sind vor allem das »Bergström« als fiktives »Hotel Drei Könige«, das Wasserviertel und die westliche Altstadt zu sehen. Die Innenaufnahmen finden in der einstigen Europazentrale von Konica / Minolta im Industriegebiet Hafen statt. Auch das Stadtmarketing nutzt die Serie, die seit 2019 in der 16. Staffel läuft, um Lüneburgs Gästen spezielle Stadtführungen, Souvenirs und einen Rote Rosen-Stadtplan anzubieten.

Oben: Abtswasserkunst
Links: Historisches Kaufhaus und Alter Kran

6 | Am Stintmarkt

Niklas Luhmann
1927–1998, Soziologe. Nach dem Besuch des Johanneums studierte er Rechtswissenschaften in Freiburg. Ab 1954 war Luhmann mehrere Jahre am Verwaltungsgericht in Lüneburg tätig. 1968 wurde Luhmann der erste Professor der Universität Bielefeld, wo er die erste soziologische Fakultät im deutschsprachigen Raum aufbaute, an der er bis 1993 lehrte. Luhmanns Systemtheorie zählt zu den Klassikern der Sozialwissenschaften im 20. Jahrhundert. 2011 erschien die Biographie »Backsteingiebel und Systemtheorie«.

Am Mühlengebäude vorbeigehend, biegt man rechter Hand in die Gasse Am Stintmarkt ein. Der Platz verdankt seinen Namen dem Stint, einem kleinen Fisch aus der Familie der Lachse, der in der norddeutschen Küche im Februar und März auf dem saisonalen Speiseplan steht. Einst Hafen und Handelsplatz, laden heute unzählige gastronomische Einrichtungen zum Verweilen ein. Im Dezember 2013 brannte das unter Denkmalschutz stehende Lösecke-Haus (Nr. 2) aus dem 19. Jahrhundert ab. Der Fachwerkbau, rechter Hand am Ufer der Ilmenau gelegen, wurde originalgetreu wiedererrichtet. Auf der linken Straßenseite beeindruckt die geschlossene malerische Häuserfront mit sehenswerten Giebelformen, schönen Portalen und mehreren Utluchten. Lüneburgs älteste Kneipe, das Eckgebäude Lüner Straße/Salzstraße am Wasser, diente seit dem frühen 16. Jahrhundert als Brauhaus und Schenke. Seit Mitte des 19. Jahrhunderts im Besitz der alteingesessenen Brauerfamilie Luhmann, ließ Heinrich Luhmann in der Lüner Straße 21 im Jahre 1888 die seinerzeit modernste Brauerei der Stadt errichten, die v. a. Braunbiere und alkoholfreies Malzbier braute. 1927 erblickte hier sein Sohn **Niklas Luhmann** das Licht der Welt.

7 | Lüner Hof

Die Lüner Straße führt stadteinwärts zum Lüner Hof (Auf dem Kauf 9), den das vor den Toren Lüneburgs gelegene Kloster Lüne 1356 erwarb. 1361 vollendet, zählt der Backsteinbau zu den ältesten der Stadt. Zusammen mit mehreren Nebengebäuden diente der Klosterhof Nonnen und kirchlichen Würdenträgern bei Aufenthalten in der Stadt oder in Notzeiten als Refugium, wie 1519, als der gesamte Konvent aufgrund der Auseinandersetzung zwischen dem Braunschweiger Herzog und dem Hildesheimer Bischof nach Lüneburg flüchtete. Bereits wenige Jahre nach seiner Erbauung hatten hier die Mönche von St. Michaelis, deren Kloster in der Nähe der Burg auf dem Kalkberg zerstört und aufgelöst worden war, eine vorübergehende Bleibe gefunden. Ladeluken und der Kran im Dreiecksgiebel verweisen zudem darauf, dass sowohl das zweite Obergeschoss als auch das vierstöckige Dach stets als Speicherböden fungierten und den regen Handel des Klosters mit landwirtschaftlichen Gütern unterstützten. Besonders sehenswert ist das gotische Spitzbogenportal mit spätbarocker Tür. Nach der Reformation diente der Lüner Hof bis 1981 als Handelshaus, seit 1988 beherbergt der Komplex ein Alten- und Pflegeheim.

Universität Lüneburg
1946 als eine von acht Pädagogischen Hochschulen Niedersachsens gegründet, wurde die Lehranstalt 1978 eigenständig. 2007 in Leuphana Universität Lüneburg umbenannt, erfolgte 2010 eine Neuausrichtung. Die Campusuniversität auf dem Gelände einer ehemaligen Kaserne besitzt seit März 2017 ein neues Zentralgebäude, errichtet nach Plänen des Stararchitekten Daniel Libeskind. In Lüneburg sorgen die mehr als 7000 Studenten heute für jugendliches Flair und bevölkern die zahlreichen Kneipen – Lüneburgs Kneipendichte ist mit einer Gaststättenkonzession pro 200 Einwohner nach Madrid angeblich die zweitgrößte Europas.

LÖWEN-APOTHEKE
MEPHISTO

8 | St. Nicolai

Mo–Fr: Apr.–Dez. 10–18 Uhr, Jan.–März 10–16 Uhr, Sa bis 16 Uhr, So bis 15 Uhr

Nach wenigen Schritten erhebt sich der Ostchor von St. Nicolai, der jüngsten und kleinsten der mittelalterlichen Kirchen Lüneburgs. Als Gotteshaus der einfachen Bürger des Wasserviertels dienend, beteiligten sich am Bau besonders die Gilden der Schiffer und Böttcher, die vor allem Salzfässer herstellten. Trotz zunächst ablehnender Haltung des Rates fand 1530 der erste protestantische Gottesdienst in St. Nicolai statt. Die Kirche ist, wie in vielen Hansestädten üblich, dem Heiligen Nikolaus geweiht, dem Schutzpatron der Seefahrer, Binnenschiffer und Kaufleute. 1407 als Kapelle begonnen, wurde diese für die wachsende Bevölkerung rund um den Hafen schnell zu klein, sodass man ab etwa 1420 eine Kirche im Stil der Backsteingotik errichtete. 1440 vollendet, besitzt die dreischiffige Nicolaikirche ein verhältnismäßig kurzes Langhaus von vier Jochen. Anstelle eines Querhauses schließt sich daran direkt der erhöhte Chor mit Umgang und einem Kapellenkranz an. Auch die beiden Seitenschiffe weisen Kapellen auf, deren Emporen fast die Höhe der Seitenschiffe erreichen. Das Hauptschiff ragt 28,5 Meter, die Seitenschiffe aber nur 13,5 Meter in die Höhe. Über dem Mittelschiff, das von Achteckpfeilern getragen wird, spannt sich ein in Norddeutschland einmaliges achtzackiges Sternengewölbe. Unter dem Chor befindet sich, für die Entstehungszeit der Kirche ungewöhnlich, eine Krypta über sechseckigem Grundriss.

Der Turm von St. Nicolai, begonnen um 1460, blieb aus finanziellen Gründen bis 1587 unvollendet. 1760 neigte er sich so bedenklich, dass fortan keine Glocken mehr geläutet werden konnten. Trotz mehrfacher Instandsetzungen musste er schließlich ab 1830 abgetragen werden. Durch die Gründung eines Kirchenbauvereins 1843 konnte das ebenfalls stark beschädigte Kirchenschiff gerettet werden. Wenige Jahre später begann die Sicherung und Sanierung des Bauwerkes, die Ende der 1890er Jahre mit der Fertigstellung eines neuen Turmes abgeschlossen wurde. Vom Turm genießt man einen herrlichen Ausblick über Lüneburg. Während des Aufstiegs kommt man am

Hanse
Unter Führung Lübecks entwickelte sich seit Mitte des 12. Jahrhunderts eine lose organisierte Interessengemeinschaft von Kaufleuten, die besonders die Nord- und Ostsee als Handelsgebiet erschloss und zunehmend große wirtschaftliche, politische und kulturelle Bedeutung gewann. Mitte des 14. Jahrhunderts wandelte sich die Kaufmanns- zur Städtehanse mit regelmäßigen Hansetagen, die mehrfach in Lüneburg tagten. Besonders der erstarkende Atlantik-Handel führte im 15. und 16. Jahrhundert zum Niedergang der Hanse. Seit 2007 darf sich Lüneburg offiziell Hansestadt nennen, 2012 fand hier der 32. Hansetag der Neuzeit statt.

Uhrwerk sowie den Glocken vorbei, deren berühmteste die 1491 von Gert van Wou gegossene Marienglocke mit einem Gewicht von 4200 Kilogramm und einem Durchmesser von fast zwei Metern ist.

St. Nicolai bewahrt in seinem Inneren zahlreiche wertvolle Kunstwerke auf, die teilweise aus anderen Kirchenbauten stammen. Der vierflügelige Hochaltar, geschaffen Mitte des 15. Jahrhunderts, gehörte einst zu der 1860 abgebrochenen Lambertikirche (siehe S. 22, 27). Aus der gleichen Epoche datieren Teile des Hochaltars der Klosterkirche Heiligenthal (siehe S. 38), dem Vorgänger des jetzigen Hauptaltars, die im Chorumgang aufgestellt sind. Auf zwei Tafelbildern befinden sich die ältesten Stadtansichten Lüneburgs von 1444. Bereits um 1325 entstand das bronzene Taufbecken, das aus der 1639 abgebrochenen Cyriakus-Kirche am Fuße des Kalkberges stammt. Außerdem sehenswert sind die Kreuzgruppe im südlichen Chorumgang (um 1450) sowie ein rund zwanzig Jahre später entstandenes Kruzifix an der westlichen Abschlusswand des Nordseitenschiffes. Die 1899 geschaffene Orgel wurde 1979 elektrifiziert, 2002 aber repneumatisiert und auf den Originalzustand zurückgeführt.

Vor Verlassen des Kirchhofes lohnt der Blick auf das im 16. Jahrhundert errichtete Gebäude Bei der Nicolaikirche 3 mit seinem reich ornamentierten Fachwerkstock. Daneben, wo sich heute das Gemeindezentrum befindet, lag einst der Scharnebecker Hof, der den Klosterbrüdern als städtisches Gäste- und Handelshaus diente. Nach Einführung der Reformation wohnte hier der letzte Abt, der lutherischer Superintendent von Lüneburg wurde.

9 | Herzogliches Schloss

Einen Großteil der Bardowicker Straße nimmt ein Erweiterungsbau des Landgerichtes Lüneburg ein, das seit 1925 im ehemaligen herzoglichen Schloss untergebracht ist. Die schlichte Hauptfront des Schlosses erstreckt sich über die gesamte Nordseite des Marktes. Im Auftrag von Herzog Georg Wilhelm wurde es 1695–1700 unter Einbeziehung von drei älteren Bürgerhäusern errichtet – im Gebälk über dem Portal ist das herzogliche Wappen zu

Georg Wilhelm
1624–1705, Herzog von Braunschweig-Lüneburg. 1658 überließ er seine Verlobte Sophie von der Pfalz im »Brauttausch« seinem jüngeren Bruder Ernst August, der sich damit die Thronfolge sicherte. Seit 1665 regierte Georg Wilhelm von Celle aus das Fürstentum Lüneburg. Im selben Jahr zog Eleonore d'Olbreuse (1639–1722) zu ihm – aufgrund seines Eheverzichtsversprechens konnte er sie jedoch erst 1676 offiziell heiraten. Unter ihrem Einfluss erließ der »Heideherzog« 1684 ein Edikt, das hugenottischen Glaubensflüchtlingen Aufnahme und Förderung versprach. Unter ihm als letztem Herzog in Celle erlebte der Absolutismus seine Blütezeit.

Sophie Dorothea
1666–1726. Als einziges Kind des Herzogs Georg Wilhelm mit Eleonore d'Olbreuse musste sie 1682 ihren Cousin Georg Ludwig heiraten, um den »Brauttausch«-Vertrag beider Väter einzuhalten und die lüneburgischen Länder zu vereinigen. Sophie ging jedoch eine Affäre mit Graf Philipp Christoph von Königsmarck ein. Ihrer beider Flucht wurde 1694 vereitelt, der Graf vermutlich ermordet, die Ehe geschieden. Während Georg Ludwig 1714 den englischen Königsthron bestieg, blieb Sophie bis an ihr Lebensende im Schloss Ahlden eingesperrt. Ihren Sohn Georg August und ihre Tochter, die Mutter Friedrich des Großen, sah sie nie wieder.

sehen. Georg Wilhelm, der sein Fürstentum von Celle aus regierte, hatte 1676 Eleonore d'Olbreuse aus französischem hugenottischen Landadel geheiratet. Nach seinem Tod diente ihr das Schloss bis 1717 als Witwensitz. Von hier aus konnte sie ihre auf das Schloss Ahlden (rund 100 Kilometer südlich von Lüneburg) verbannte Tochter **Sophie Dorothea** besuchen, ohne dass deren früherer Gemahl Herzog Georg I. Ludwig von Hannover – seit 1714 König Georg I. von England – und seine Hofgesellschaft davon erfuhren. Den Audienzsaal des Schlosses überließ die Herzogin der hugenottischen Gemeinde für den sonntäglichen Gottesdienst. Im Laufe der Jahrhunderte wurde das Schloss gelegentlich als Unterkunft für fürstliche Gäste und als Kaserne genutzt.

Bei dem Gebäude links vom Schloss handelt es sich um den sogenannten Küchenpavillon. Bereits im 14. Jahrhundert hatte die vor Selbstbewusstsein strotzende Stadt dem Landesherrn nicht erlaubt, in seinem »Herzogen Hus« eine Küche zu unterhalten. Im Gegenzug gewährte die Stadt ihm Verpflegung aus der Ratsküche. Um sein Gefolge nicht hungern zu lassen, musste es der Herzog bei seiner Abreise wieder mitnehmen. Erst Georg Wilhelm brach mit dieser Vereinbarung und ließ eben jene Schlossküche erbauen.

10 | Markt

Der Marktplatz, 1244 erstmals urkundlich als Neumarkt erwähnt, liegt im Herzen von Lüneburg. Wo genau sich der alte Markt befand, ist unklar. Auf eine lange Tradition blickt der Lüneburger Wochenmarkt zurück, der in einem Dekret von 1350 erstmals auftaucht. Durch die Intensivierung des Fernhandels und steigenden Wohlstand änderten sich auch Angebot und Nachfrage: Ist der Handel mit Pfeffer, Anis und Zimt ab dem 13. Jahrhundert nachgewiesen, dokumentieren Zollrollen von 1430 auch das Geschäft mit Lakritz und Ingwer. 1570 legte die erste Marktsatzung den Mittwoch und Samstag als Markttage fest – an diesen beiden Tagen wird bis heute der »Grüne Markt« mit landwirtschaftlichen Produkten aus der Region abgehalten; vertreten sind natürlich Kartoffel- und Spargelbauern aus der Lüneburger Heide sowie Obstbauern aus dem Alten Land an der Elbe. Auch rund um den Markt wurde gehandelt, wie die Namen der am Markt verlaufenden Straßen An den Brodbänken oder Am Ochsenmarkt bezeugen. Den **Luna**-Brunnen, den ein unbekannter Künstler 1530 schuf, bekrönt die zierliche Figur der römischen Göttin mit Pfeil und Bogen, die auf ihrem Haupt eine Mondsichel trägt.

Stadtname
Beflügelt durch eine Marmorsäule, verbreitete sich im 16. Jahrhundert die Vorstellung, dass Lüneburg, die Mondstadt »Lunaburgum«, römische Wurzeln habe. Um die Säule ranken sich mehrere Legenden. Die Marmorsäule auf dem Kalkberg soll Julius Caesar als heidnische Kultstätte oder Tiberius als Grenzmarke errichtet haben. Oder brachte sie Heinrich der Löwe von einer Wallfahrt mit? Dagegen klingt die Tatsache nüchtern, dass sich Lüneburg von »Hluini« ableitet – Zuflucht, die das karolingische Heer im 8. Jahrhundert auf dem Kalkberg fand.

11 | Rathaus

Tourist-Information Mo–Fr 9.30–18 Uhr; Sa: Mai–Okt./Dez. 9.30–16 Uhr, Jan.–Apr./Nov. 9.30–14 Uhr; So: Mai–Okt./Dez. 10–16 Uhr, Apr./Nov. 10–14 Uhr, Tel. 0800 2 20 50 05, www.lueneburg.info
Besichtigung nur mit Führung (Tickets in der Tourist-Information) Apr.–Dez.: Di–Sa 10/12/15 Uhr, So 11/14 Uhr; Jan.–März: Di–So 11/14 Uhr

Das historische Lüneburger Rathaus zählt zu den herausragenden Baudenkmälern Norddeutschlands. Seine Anfänge in Gestalt der Ratskapelle zum Heiligen Geist an der Ecke von Markt und Ochsenmarkt gehen bis in die Mitte des 13. Jahrhunderts zurück. Neben der Kapelle entstand um 1300 das Gewandhaus, eine Verkaufshalle für wertvolle Stoffe. Um 1330 baute man daran einen Ratssaal an, und Mitte des 15. Jahrhunderts wurde über dem Gewandhaus ein Tanzsaal errichtet. Im Laufe der Jahre kamen mehrere Nebengebäude wie Ratsküche, Ratsweinkeller, Ratswaage und Niedergericht hinzu.

Die Vereinheitlichung der Marktfront datiert aus dem 14. Jahrhundert, als dem Gewandhaus eine gotische Schildwand nach Lübecker Vorbild vorgeblendet wurde. Bei deren Umbau ab 1603 entstand die geöffnete, mit Malereien verzierte Arkade des Niedergerichtes an der Nordostecke des Gebäudes. Zeitgleich wurden die Statuen auf den Pfeilern des Mittelrisalits und in den Nischen geschaffen. Den Giebel der Barockfassade ziert ein Mond, gehalten von den Pranken zweier Löwen. Ihr heutiges Erscheinungsbild erhielt die Fassade weitestgehend 1720, als der Südseite ebenfalls Arkaden zugefügt wurden und der Dachreiter aufgesetzt wurde. Darin befindet sich seit 1956, dem 1000-jährigen Jubiläum der Stadt, eines der größten Porzellan-Glockenspiele Europas. 41 Glocken aus Meissener Porzellan spielen täglich um 8 und 12 Uhr, im jahreszeitlichen Wechsel und außer bei Frost, Lieder des Lüneburger Komponisten Johann Abraham Peter Schulz (siehe S. 21); seine bekannte Komposition »Der Mond ist aufgegangen« ertönt jeweils 18 Uhr.

Bis heute Verwaltungssitz der Stadt, sind die kostbar ausgestatteten Räumlichkeiten des Rathauses im Rahmen einer unbedingt empfehlenswerten Führung zu besichtigen. Dabei erfährt man, wie sich der wirtschaftliche Aufstieg Lüneburgs auch politisch auswirkte, was sich

Gerichtslaube

wiederum in Architektur, Raumausstattung und Bildprogramm des Rathauses widerspiegelte. Der Rundgang beginnt im alten **Gewandhaussaal** mit einem modernen Modell des Rathausensembles. Außerdem sind hier 1874 angefertigte Nachbildungen des erstmals 1429 bezeugten Lüneburgers Ratssilbers ausgestellt. Der größte erhaltene Silberschatz einer deutschen Stadt wurde 1874 an das Berliner Kunstgewerbemuseum verkauft, zu dessen Kostbarkeiten er heute zählt. Der in Lüneburg gegründete »Ratssilberfonds« sollte verschiedene Bauvorhaben finanzieren, fiel aber fast gänzlich der Inflation zum Opfer. In der **Gerichtslaube**, in der sich der Rat seit Mitte des 14. Jahrhunderts versammelte, beeindruckt die malerische Ausstattung: die drei spitzbogigen Maßwerkfenster mit der Darstellung der mittelalterlichen Neun Helden (um 1410), gegenüber die monumentale Tafelmalerei mit Christus als Weltenrichter (um 1495) sowie die Holztonnendecke und Wandbemalung von 1529. Ebenfalls mittelalterlichen Ursprungs sind die drei Wandschränke, sogenannte Schenkschiven, zur Aufbewahrung des Ratssilbers sowie das Ratsgestühl mit Heißluftheizung. Von der Gerichtslaube kann man einen Blick in das **Alte Archiv** aus dem 16. Jahrhundert werfen und gelangt in die holzvertäfelte **Bürgermeisterkörkammer** von 1491, in der, hinter drei Türen, die Bürgermeister »gekört«, also gewählt wurden. In der **Alten Kanzlei** (1490), verziert mit gotischer Rankenmalerei, gewähren Urkunden-Wandschränke und Schreibpulte einen Einblick in die Arbeitsweise der Juristen und Schreiber des Rates. In einer barocken Laterne werden die sagenumwobenen Knochen der Lüneburger Salzsau aufbewahrt. Im darüber liegenden Geschoss richtete man Mitte des 15. Jahrhunderts das »danzhus« ein. In dem 34 Meter langen Saal mit umlaufenden Bänken fanden Festlichkeiten wie feierliche Empfänge und Huldigungen von Rat und Bürgerschaft an den Landesherren statt. Die 1482 geschaffenen Wandmalereien fürstlicher Paare aus dem Hause Braunschweig-Lüneburg verliehen dem Raum seinen heutigen Namen **Fürstensaal**. Den Abschluss des Rundgangs bildet die Besichtigung der **Großen Ratsstube**. Entstanden in den Jahren 1566–1584, besticht der Raum durch seine virtuosen Schnitzereien an den Wänden, am Ratsgestühl sowie besonders an den Portalen.

Die Sage der Lüneburger Salzsau

Vor über 1000 Jahren folgten Jäger in den Sümpfen der Ilmenau der Spur eines Wildschweins. Alsbald erblickten sie an einem sonnigen Hang eine mächtige schlafende Sau mit schneeweißen Borsten. Sie erlegten das Tier, entdeckten die an den Borsten klebenden Salzkörner und machten sich auf die Suche nach der Suhle. Das Wasser des entdeckten Tümpels war von salzigem Geschmack, denn er lag über einem Salzstock. Bald darauf gründete man die Saline, die Lüneburg zu großem Reichtum verhalf. Zur Erinnerung bewahren die Lüneburger bis heute einen Schulterknochen der Salzsau auf.

12 | Heinrich-Heine-Haus

Nachdem das Düsseldorfer Geschäft von Heines Eltern in Konkurs gegangen war, lebten sie 1822–1826 am Lüneburger Ochsenmarkt 1, wo ihnen der Bruder des Vaters, erfolgreicher Bankier in Hamburg, die Miete für eine Wohnung in der zweiten Etage bezahlte. Im Mai 1823 besuchte **Heinrich Heine** hier erstmals seine Eltern. Dabei wurde Lüneburg für Heine zu einem Symbol für deutsche Provinz, Rückständigkeit und Mittelalter, eine »Residenz der Langeweile«. Seine Kutschfahrten durch die Lüneburger Heide empfand er als Reise durch eine »kulturlose Steppe«. Nichtsdestotrotz verweilte der Dichter mehrfach in Lüneburg, wo u. a. ein Großteil seiner Gedichte aus dem »Buch der Lieder« enstand.

1901 ehrte man Heine mit einer mittlerweile verschollenen Gedenktafel, woraufhin das Anwesen als »Heinrich-Heine-Haus« bekannt wurde. Seit 1993 beherbergt es den Kunstverein sowie das Literaturbüro und die Literarische Gesellschaft Lüneburg, im Erdegeschoss befindet sich das Standesamt. Das Backsteingebäude stammt aus der Mitte des 16. Jahrhunderts, wobei sich im Keller

Heinrich Heine
1797(?)–1856, Schriftsteller und Publizist, der »letzte Dichter und Überwinder der Romantik«. Harry Heine entstammte einer jüdischen Kaufmannsfamilie. Nach dem Scheitern einer kaufmännischen und juristischen Laufbahn war er u. a. als Lyriker und Reiseschriftsteller tätig. Mit seinem von beißendem Spott gekennzeichneten Werk, seinem Kampf gegen deutschtümelnde Tendenzen der Spätromantik und seiner Kritik an den sozialen Verhältnissen polarisierte Heine. Große Popularität erlangte seine Lyrik. Seit 1831 lebte Heine im Exil in Paris.

»Grüne Tür« am Rathaus

Mauerreste von Vorgängerbauten aus der Zeit um 1300 erhalten haben. Sehenswert sind die Sitzkonsolen neben dem Portal sowie die in den Zwickeln des Staffelgiebels angebrachten Allegorien aus Sandstein: Putten reiten auf Delfinen, die von darüber liegenden Seepferdchen beschützt werden.

Am Ochsenmarkt 3 befand sich das 1849 erbaute »Herzogen-Hus«, das seit 1885 als Sitz des Regierungspräsidenten genutzt wurde. Seit 1983 vereinigt es alle Abteilungen des Amtsgerichts von Lüneburg.

13 | Kämmerei

Die Südseite des Ochsenmarktes nimmt die 100 Meter lange Front des Rathauses ein. Hier sticht die »Grüne Tür« als Hauptzugang des Rathauses hervor, ein Spitzbogenportal mit dreifach gestuftem Gewände; die Nische mit der Skulptur des Samson wird von Wappen flankiert, die Holztür von 1527 ist mit der **Stadtmarke** verziert. Die sich westlich anschließenden Wappenschilde und Rundblenden an der Fassade sind Teil des im 16. Jahrhundert erbauten Rathausflügels und heben die dahinter liegende Große Ratsstube optisch hervor. Unmittelbar an das

Rathaus schließt sich das 1474 bis 1482 errichtete Kämmereigebäude an, die »nyge Scryverie« (neue Schreiberei). Bedingt durch den wirtschaftlichen und politischen Aufstieg der Hansestadt, war auch der Verwaltungsaufwand angestiegen. In der Kämmerei befand sich z. B die »Sülfmeisterkörkammer«, in der der Sülfmeister (siehe S. 28) gewählt wurde. An der Fassade verläuft ein Doppelfries, der abwechselnd die Wappen der Hansestadt Lüneburg und des Fürstentums Braunschweig-Lüneburg enthält. Schräg angebracht, symbolisieren die Wappen die Friedfertigkeit der Stadt. Über dem Obergeschoss, in dem sich Fenster und Skulpturennischen abwechseln, erhebt sich ein siebenbahniger Staffelgiebel. Die Fassadengliederung setzt sich an der Traufseite der Kämmerei zum Marienplatz mit vier vergoldeten Heiligenfiguren fort.

14 | Ratsbücherei

Im 13. Jahrhundert ließen sich in Lüneburg Franziskanermönche nieder. Von den Klostergebäuden blieben das Refektorium, ein mit Kreuzgewölbe überdeckter zweischiffiger Saal, und Reste des Kreuzgangs erhalten. Die Klosterkirche St. Mariae musste 1818 wegen Bau-

Betrachtet man die **Lüneburger Stadtmarke**, die wie ein »A« aussieht, kann man daraus auch die Buchstaben »M«, »P« und »F« bilden, die für die Formel »Mons, Pons, Fons«, d.h. Berg, Brücke, Quelle stehen. Sie bezeichnen die drei Siedlungen, aus denen Lüneburg zusammenwuchs. Neben der Fluchtburg auf dem Kalkberg waren dies das Dorf Modestorpe zwischen der Ilmenaubrücke und dem Platz Am Sande (Sandviertel) sowie das Sülzviertel bei der Saline. Das Wasserviertel zwischen Ilmenau und Markt entwickelte sich erst im 13. Jahrhundert. Mit der Stadtmarke, die heute z. B. Kanaldeckel ziert, kennzeichnete man städtisches Eigentum.

Johanna Stegen
1793–1842, »Heldenmädchen von Lüneburg«. Während der Befreiungskriege gegen Napoleon kam es im April 1813 bei Lüneburg zum Gefecht zwischen französischen und preußischen Truppen. Als Johanna Stegen von einem verletzten Kämpfer hörte, dass die Munition der preußischen Truppen zur Neige gehe, raffte sie mehrmals Patronen aus einem von Franzosen zurückgelassenen, umgekippten Munitionswagen in ihrer Schürze zusammen und trug sie zum Gefechtsplatz. Diese Tat ermöglichte der Legende nach den Sieg der Preußen. Trotz einer auf sie ausgesetzten Kopfprämie entkam die Mutige und lebte fortan in Berlin.

fälligkeit abgebrochen werden. Das Kloster wurde 1530 im Zuge der Reformation aufgelöst. 1555 bezog die seit dem 14. Jahrhundert im benachbarten Rathaus untergebrachte Ratsbücherei einen Teil des Anwesens. »Des rades liberie«, die überwiegend aus juristischen Bänden wie dem »Sachsenspiegel« bestand, wurde mit der Klosterbibliothek vereinigt. Heute zählt die Ratsbücherei zu den ältesten Stadtbibliotheken Deutschlands, die zudem wertvolle Handschriften, Inkunabeln und Drucke sowie eine bedeutende Musikaliensammlung mit den weltweit bekannten »Lüneburger Orgeltabulaturen« verwahrt. Vor dem Eingang der Stadtbibliothek erinnert eine Büste an den Komponisten **Johann Abraham Peter Schulz**. Nördlich des Hauptgebäudes schließt sich der idyllische Klosterhof an, in dessen Pfarrwitwenhäusern seit 1987 die Kinder- und Jugendbücherei beheimatet ist.

15 | Reitende-Diener-Straße und Stadtbefestigung

Die Reitende-Diener-Straße mit ihren Backsteinhäusern geht auf eine Stiftung des Lüneburger Bürgermeisters Hinrich Garlop im 16. Jahrhundert zurück. Hier, in der Nähe des Rathauses, wohnten die »Ridendenere«, eine berittene und bewaffnete Schutztruppe des Lüneburger Rates. Die Reitenden Diener waren in erster Linie für den Geleitschutz zuständig, übernahmen aber auch Kurierdienste oder bedienten, in ruhigeren Zeiten, den Rat bei Festlichkeiten oder Sitzungen. Tausteine – schräg geformte Schmucksteine, die zusammen aussehen wie ein gedrehtes Schiffsseil – rahmen die Wappenmedaillons, Gedenktafeln, Türen sowie die Blenden im Obergeschoss und den verputzten durchgängigen Fries.

Am Ausgang der Gasse erhebt sich das letzte erhaltene Stück der Stadtbefestigung, die Bardowicker Mauer. Ganz in der Nähe befand sich das Bardowicker Tor, neben Altenbrücker, Rotem, Lüner und Neuem Tor sowie dem Sülztor eines der sechs historischen Stadttore. Weit um die Stadtmauer herum wurde ab dem ausgehenden 14. Jahrhundert die Landwehr errichtet, ein System aus hohen, dicht bepflanzten Erdwällen und wassergefüllten Gräben. Dies geschah weniger aus militärischen denn

aus wirtschaftlichen Interessen: 1392 hatte Lüneburg das Stapelrecht erhalten, welches reisende Kaufleute in einem weiten Umkreis rund um die Hansestadt zwang, in die Stadt hineinzufahren und ihre Waren dort drei Tage zu »stapeln«, also zum Verkauf anzubieten – dadurch war die Versorgung der Bevölkerung auch in schlechten Zeiten gesichert, zudem bedeutete der Stapelzins eine zusätzliche Einnahmequelle. Die Landwehr, die noch heute an mehreren Stellen zu erkennen ist, sollte verhindern, dass die Händler die Stadt auf Nebenstraßen umfuhren, um die zeit- und kostspielige Auflage zu vermeiden. Vorbei an den Wohnbuden, die die Stadtmauer als Rückwand nutzten, gelangt man zu einem Denkmal für **Johanna Stegen**.

16 | Senkungsgebiet

Anschließend läuft man auf der Egersdorffstraße einige Meter bis zum Marienplatz zurück. Dabei ist die Abbruchkante des sogenannten Senkungsgebietes deutlich erkennbar. Hier, unter der westlichen Altstadt von Lüneburg, befindet sich in geringer Tiefe ein Salzstock. Der Abbau gelang vermutlich seit dem 10. Jahrhundert,

Johann Abraham Peter Schulz

1747–1800, Komponist und Musiker. In Lüneburg geboren, besuchte Schulz die Michaelisschule und das Johanneum, vom Organisten der Johanniskirche erhielt er Musik- und Kompositionsunterricht. Die Tätigkeit als Kapellmeister in Rheinsberg (ab 1780) und am Kopenhagener Königshof (ab 1787) waren Höhepunkte seiner Karriere. Schulz' umfangreiches Schaffen umfasst neben Opern, kirchenmusikalischen und musiktheoretischen Werken vor allem Volkslieder, darunter die bekannten Kompositionen zu »Der Mond ist aufgegangen« und »Ihr Kinderlein, kommet«.

Blick zur Michaeliskirche

Kalkberg
Westlich der historischen Altstadt erhebt sich der Kalkberg, dessen ursprüngliche Höhe von rund 80 auf heute rund 56 Meter geschrumpft ist. Einst Standort der »Hliuniburg«, wurde an der Erhebung, die eigentlich Gipsberg heißen müsste, über Jahrhunderte Gips abgebaut, der als Baustoff verwendet wurde. Erst 1923 wurde der Abbau der erschöpften Lagerstätte eingestellt. Seit 1932 als eines der ersten Naturschutzgebiete Deutschlands ausgewiesen, genießt man vom Kalkberg einen schönen Panoramablick über die Stadt.

das Geschäft lohnte sich, der Handel florierte. Bedingt durch die Industrialisierung erhöhte sich die Fördermenge von 12 000 Tonnen in der Mitte auf 30 000 Tonnen im ausgehenden 19. Jahrhundert. Diese massiven Eingriffe, befördert von natürlichem Regenwasser und Gipseinlagerungen, brachten die Erde in Bewegung und hatten besonders eine Absenkung der Erdoberfläche zur Folge. Etliche Gebäude fielen den Senkungen zum Opfer, darunter die Marien- und die Lambertikirche im 19. Jahrhundert. Seit 1955 wurden allein über 180 Wohnhäuser abgerissen. Seit Ende des Zweiten Weltkrieges werden die Senkungen durch Messpunkte überwacht: demnach verschob sich die Erde jährlich um mehrere Zentimeter. Trotz Schließung der unrentabel gewordenen Saline 1980 sind die Erdbewegungen bis heute nicht zum Stillstand gekommen, immer wieder müssen Straßen gesperrt oder Häuser aus Sicherheitsgründen abgebrochen werden.

Eine Gebäudeveränderung ganz anderer Art kann man am »Schwangeren Haus« in der Waagestraße 1B bestaunen. Die Fugen des Backsteinbaus sind mit Gipsmörtel des Lüneburger **Kalkbergs** ausgefüllt. Da der Gips zu stark gebrannt wurde, nahm er im Laufe der Zeit mehr Feuchtigkeit auf und dehnte sich, wie hier geschehen, aus. Rechts daneben befindet sich das Geburtshaus des Komponisten Johann Abraham Peter Schulz. Auf der anderen Straßenseite erstreckt sich das Rathausensemble.

17 | Auf dem Meere

Über die Straße Auf dem Meere gelangt man in die westliche Altstadt von Lüneburg. Im Gegensatz zu den geschäftigen Einkaufsstraßen rund um den Markt herrscht hier wohltuende Ruhe. Der Straßenname wird meist mit einem Erdrutsch samt zurückbleibenden Wassermassen in Verbindung gebracht, den der Chronist Thietmar von Merseburg für das Jahr 1013 überlieferte. In diesem Stadtviertel wohnten vor allem Handwerker und das Kleinbürgertum, deren meist aus dem 16. und 17. Jahrhundert stammende Häuser sehenswerte architektonische Details bewahren. Rechter Hand hebt sich aus den Giebelhäusern das spätbarocke Stadtpalais (Nr. 9) mit neoklassizistischem Portal aus dem 18. Jahrhundert ab. Auf der anderen Straßenseite beeindruckt Haus Nr. 36 mit zwei Utluchten, dem dazwischenliegenden Portal mit Gewände aus Taustein sowie dem Giebel mit vollplastischen farbigen Köpfen.

18 | St. Michaelis

Apr.–Sept.: Mo–Sa 10–17 Uhr, So 14–18 Uhr
Okt.–Dez./März: Mo–Sa 10–16 Uhr, So 14–16 Uhr

Am Ausgang der Straße erhebt sich mit St. Michaelis eine der drei großen Lüneburger Backsteinkirchen. Die erste Erwähnung des Michaelisklosters ist datiert auf 956, als Otto der Große dem Michaeliskloster die Zolleinnahmen aus den Verkäufen der Saline zugestand – diese Urkunde gilt zugleich als Gründungsdatum von Lüneburg. Der benediktinische Konvent gehörte zur Burg der Billunger, die sich damals auf dem Kalkberg befand. Dieses Adelsgeschlecht stellte 936–1106 die Herzöge von Sachsen, und in der Kirche ihres Hausklosters St. Michaelis fanden die fürstlichen Begräbnisse statt. 1371 begehrten die Lüneburger auf, zerstörten die Burg und vertrieben ihren Landesherrn. Das Michaeliskloster wurde ab 1376 in der Nähe neu angelegt, nun allerdings innerhalb der Stadtmauern. 1532 bekannte sich St. Michaelis zur Reformation und wurde als einziges, nunmehr evangelisches Männerkloster des Fürstentums nicht aufgelöst. 1655 wurde der Konvent aufgehoben. Die Michaelisschule, die älteste der Stadt, bestand fort. Ihr berühmtester Schüler war **Johann Sebastian Bach**. Auf dem Gelände des Klosters wurde die Ritterakademie gegründet, an der der Nachwuchs des Lüneburger Landadels auf den Verwaltungs- und Militärdienst vorbereitet wurde. Im Zuge der 1848er Revolution wurde die Ritterakademie aufgelöst.

Der Bau der Hallenkirche wurde 1418 fertiggestellt, der Westturm bis 1430 errichtet. Mitte des 18. Jahrhunderts erhielt der Turm seine charakteristische welsche Haube, und die Dächer von Mittelschiff und Seitenschiffen wurden zu einem vereinigt. Im Inneren der Kirche spannt sich über zehn schweren Rundpfeilern die dreischiffige Halle, deren Mittelschiff nur etwas höher ist als die Seitenschiffe. Der weiße Putz des Gewölbes steht in harmonischem Einklang mit dem roten Mauerwerk. Im Osten erhebt sich der Hohe Chor, einst von Chorschranken und einem Lettner begrenzt, unter dem die dreischiffige, 1379 geweihte Krypta liegt. Im Senkungsgebiet stehend, gibt es bis heute immer wieder statische Probleme, erkennbar an schiefen Säulen und in der Turmhalle.

Johann Sebastian Bach
1685–1750, Komponist. Als jüngstes von acht Kindern eines Eisenacher Stadtpfeifers lebte Bach nach dem Tod seiner Eltern ab 1695 bei einem Bruder in Ohrdruf, das er nach dem Wegfall seines Schulstipendiums 1700 in Richtung Lüneburg verließ. In der Hansestadt besuchte Bach zwei Jahre lang die Schule des Michealisklosters. Statt Schulgeld bezahlen zu müssen, waren die Alumnen verpflichtet, im Mettenchor mitzusingen. An der benachbarten Ritterschule erlernte Bach Grundlagen der höfischen Tradition, in der Johanniskirche erhielt er Unterricht im Orgelspiel. Bach wirkte ab 1723 als Thomaskantor in Leipzig, wo viele seiner weltberühmten Werke entstanden.

Von der einst reichen mittelalterlichen Ausstattung ist nicht mehr viel vorhanden, bedeutende Stücke wie der Hochaltarschrein von 1415 oder Reste des wertvollen Kirchenschatzes befinden sich heute in Museen, Galerien oder in anderen Kirchen. Die steinerne Kanzel datiert von 1602, der neogotische Altar von 1866. Auf der 1705–1708 erbauten Orgel kann nach viermaligem Umbau sowohl barocke als auch romantische Orgelliteratur gespielt werden. Die fürstliche Gruft, bestehend aus zwei Kammern, befindet sich unter dem Mittelschiff der Kirche, wo eine Metallplatte im Boden auf sie verweist. Sie diente von 973 bis 1471 als Grablege, zunächst der Herzöge von Sachsen, später der Herzöge von Lüneburg.

An der Nordseite der Kirche gelangt man in den Klosterhof. Dort legte man bei Ausgrabungen in den 1970er Jahren Reste der Klosteranlage, u. a. des Kapitelsaals, frei. Die für die Ritterakademie im 18. Jahrhundert barock umgestalteten Konventsgebäude beherbergen heute u. a. Behörden des Landkreises Lüneburg.

19 | Auf der Altstadt

Der Stadtrundgang setzt sich in der Straße Auf der Altstadt fort, die bis zum 18. Jahrhundert Judenstraße hieß. Bereits im 13. Jahrhundert waren Juden in Lüneburg ansässig, deren Synagoge oder Judenschule sich vermutlich in Höhe des Anwesens Nr. 48 befunden hat.

Auf der Altstadt reihen sich sehenswerte historische Giebel- und Traufenhäuser aneinander. An der Einmündung zur Oberen Ohlingerstraße befindet sich ein seit dem 15. Jahrhundert genutztes Brauhaus, das seit Mitte des 19. Jahrhunderts auch als Gaststätte und Herberge diente. Ebenfalls zum Anwesen gehörte der traufständige Flügelbau in der Seitenstraße mit schöner Fachwerkzier und einem Erker.

Durch die Obere Ohlingerstraße und die Salzbrückerstraße gelangt man zum Lambertiplatz. Auf der Grünfläche erinnert heute nur noch eine Informationstafel daran, dass hier bis zum Abbruch 1860 die gotische Lambertikirche stand. 1998–2000 fanden Grabungen statt, bei denen die Fundamente der Kirchenwände und zahlreiche Grüfte freigelegt wurden.

Oben: Haus Auf der Altstadt 43 an der Einmündung Obere Ohlingerstraße
Links: St. Michaelis

20 | Deutsches Salzmuseum

Sülfmeister
Die Siedepfannen zur Salzgewinnung gehörten dem Landesherrn, Adligen oder dem Klerus und wurden an in Lüneburg ansässige Bürger verpachtet. Diese Siedeberechtigten wurden Sülfmeister genannt.
Sie wurden so mächtig, dass aus ihrer Mitte der Rat gewählt wurde – der wiederum die wirtschaftlichen Belange der Stadt regelte. Weitere wichtige Funktionen besaßen Bar- (Vorsteher der Pfannenschmiede) und Sodmeister (Verteilung der Sole). Als wichtigste Feierlichkeit galten die erstmals 1472 erwähnten Sülfmeistertage mit Festumzug, Wettkämpfen, Gauklern und Märkten, die seit 2003 wieder stattfinden.

10–17 Uhr, **Führungen** mehrmals täglich

Über das Südende des Platzes erreicht man in der **Sülfmeister**straße den über 1000 Jahre alten Standort der Saline. Salz bestimmte das Leben der Stadt, es machte sie reich und mächtig. Während Lübeck als »Königin der Hanse« galt, war Lüneburg ihr »Salzhaus«. Die Stadt an der Ilmenau besaß für das »weiße Gold« des Mittelalters, das sowohl zu den wichtigsten Fernhandelsgütern gehörte als auch als Zahlungsmittel bedeutend war, über Jahrhunderte das Salzmonopol für Norddeutschland und die Ostseeanrainer. Als eines der ältesten Kulturgüter der Menschheit ist Salz nicht nur lebensnotwendig, sondern stellte früher die einzige Möglichkeit dar, Lebensmittel zu konservieren. In der Blütezeit standen auf dem Salinengelände 54 Hütten mit jeweils vier Pfannen. Das bedeutet: bei 50 Litern Sole pro Pfanne und einer zweistündigen Siededauer blieben rund 17 Kilogramm Salz zurück. 1980 stellte die über 1000-jährige Saline, einer der ältesten und größten Industriebetriebe Europas, ihren Betrieb aus wirtschaftlichen Gründen ein.

Der Museumsrundgang macht anhand der Geschichte der Salzstadt deutlich, dass Lüneburg ohne das Salz in der heutigen Form nicht denkbar ist. Zur Museumsanlage, die man über einen alten Güterwaggon betritt, gehören mehrere Gebäude. Das 1924 erbaute Siedehaus präsentiert die Dauerausstellung sowie große Siedepfannen, Vorrichtungen zur Salztrocknung und das Magazin mit Abfüll- und Verladeeinrichtungen. Daneben erhebt sich der Rest eines alten Stadtwalles, der die Saline mit umschloss. Hier befanden sich Solebehälter, in denen sich der in der Sole gelöste Gips absetzte und die Sole zum Siedehaus geleitet wurde. Im Eselstall, einst Bestandteil einer chemischen Fabrik zur Lagerung von aus Salz und Kalk hergestellten Produkten wie Soda, Schwefel- oder Salzsäure, finden heute Wechselausstellungen statt. Rechter Hand des Hauptgebäudes, das von einem Supermarkt mitbenutzt wird, steht das Brunnenhaus von 1832. Darunter befindet sich der Solebrunnen, in dem unterirdische Solequellen zusammengeführt und für die Salzgewinnung empor gepumpt wurden. An ihre bergmännische Erschließung durch kurze Stollen erinnert über dem Eingang der Gruß »Glück auf«. Heute werden hier nur noch geringe Mengen Sole für den Kurbetrieb in der nahegelegenen »Salztherme Lüneburg/SaLü« (Uelzener Str. 1–5) gefördert. In ihrer Nähe erstreckt sich der 1906 angelegte, 23 Hektar große Kurpark.

Julius Wolff
1834–1910, Schriftsteller. Nach dem Studium der Philosophie und Wirtschaftswissenschaften übernahm Wolff die väterliche Tuchfabrik in Quedlinburg. Ab 1872 war er als freier Schriftsteller in Berlin tätig. Trotz der spöttischen Bezeichnung »Butzenscheibendichter« für seine altertümelnden Verserzählungen gehörte Wolff im 19. Jahrhundert zu den Publikumslieblingen. Heute ist sein umfangreiches Werk weitgehend in Vergessenheit geraten. 1883 erschien »Der Sülfmeister«, ein in Lüneburg handelnder Mittelalter-Krimi. Für seine Roman-Adaption »Der Rattenfänger von Hameln« wurde er 1884 Ehrenbürger von Hameln, 1910 erhielt er diese Auszeichnung von seiner Geburtsstadt Quedlinburg.

21 | Heiligengeiststraße

Ostpreußisches Landesmuseum und Brauereimuseum
Di–So 10–18 Uhr

Am Lambertiplatz setzt sich der Stadtrundgang in der Heiligengeiststraße fort. Das im späten 13. Jahrhundert begründete Hospital »Zum Großen Heiligen Geist Stift«, in dem kranke, alte oder in Not geratene Menschen Zuflucht fanden, wurde hier im 14. Jahrhundert neu errichtet und mehrfach erweitert. Die Hospitalkapelle im Osten des Komplexes wurde 1867 abgerissen und durch einen Schulneubau ersetzt, dessen Dach der gotische Dachreiter der Kapelle ziert.

Heiligengeiststraße 39–41

An der Ecke zur Ludwigstraße erinnert ein Findling an die Ursula-Nacht vom 21. Oktober 1371 während des Lüneburger Erbfolgekrieges. Der Herzog, dessen Burg auf dem Kalkberg im Frühjahr des Jahres zerstört worden war, versuchte zur Wahrung seiner alten Rechte die Stadt zu erobern, doch die Lüneburger wehrten sich erfolgreich. Außerdem sind die Gebäude Nr. 34 an der Einmündung der Rackerstraße mit schönem Giebel sowie auf der anderen Straßenseite Nr. 8 sehenswert, die beide aus dem 16. Jahrhundert stammen.

In der Heiligengeiststraße 38 befindet sich das Scharffsche Haus mit dem Museumscafé, durch dessen Innenhof man zum Brauereimuseum und zum Ostpreußischen Landesmuseum gelangt. In seiner thematischen Ausrichtung weltweit einzigartig, präsentiert das Museum seit 1987 Geschichte, Kunst, Kultur und Landschaft des historischen Ostpreußens. Im 2014–2018 neu errichteten Erweiterungsbau des Architektenbüros Gregor Sunder-Plassmann befinden sich das lichtdurchflutete Foyer und darüber ein großzügiger Sonderausstellungsraum. Die neu konzipierte Dauerausstellung hat u.a. eine eigenständige Deutschbaltische Abteilung erhalten.

Die drei benachbarten eindrucksvollen Patrizierhäuser (Nr. 39–41) stammen aus dem 16. Jahrhundert. Hier begründete Thomas Lampe 1485 ein Brauhaus, eine der unzähligen Braustätten, die sich einst in dieser Straße befanden. Doch als einzige überdauerte die »Kronen-Brauerei« die nächsten fünf Jahrhunderte. Mittlerweile zur Hamburger Holsten-Brauerei AG gehörig, wurde der Brauereibetrieb 1981 an den Stadtrand verlegt und 2001 geschlossen. Das Gasthaus »Krone« aber bewirtet bis heute seine Gäste, und das im Hof gelegene ehemalige Sudhaus, ein Industriedenkmal von 1911, beherbergt seit 1985 das Brauereimuseum. Die einzige verbliebene Hausbrauerei der Lüneburger Innenstadt befindet sich mit dem »Brau- und Tafelhaus Mälzer« nur wenige Schritte weiter im Haus Nr. 43.

Aushänger am Gasthaus »Krone«

22 | Am Sande

Die Heiligengeiststraße führt zu einem der schönsten Plätze Deutschlands, umrahmt von eindrucksvollen mittelalterlichen Gebäuden und überragt vom Turm der Johanniskirche. Der rund 220 Meter lange Straßenmarkt, Am Sande genannt, weil der Platz auf sandigem Boden lange Zeit ungepflastert war, lag zentral und günstig in der Nähe des Altenbrücker Tores an der Ilmenau. Über

Am Sande 1/2

Jahrhunderte herrschte hier reges Treiben – auswärtige Händler boten aufgrund des Lüneburger Stapelrechtes ihre Ware feil, Reisende kehrten in die angrenzenden Wirtshäuser und Herbergen ein, Gaukler und Prediger warben um Aufmerksamkeit, Bettler um Almosen. Auch heute wird der Platz gern für Veranstaltungen genutzt, etwa für die Wettkämpfe der jährlich stattfindenden Sülfmeistertage. Das Betrachten der unzähligen Giebel gleicht einem Blick in ein Lehrbuch der Architekturgeschichte quer durch alle Stile und Jahrhunderte, wunderschöne Staffel-, Spitz- und Volutengiebel reihen sich aneinander.

Den Platz zwischen Heiligengeist- und Grapengießerstraße nehmen das 1548 als Brauhaus errichtete Gebäude Am Sande 1 sowie sein kleinerer Nachbar (Nr. 2) ein. Über dem dunklen Backsteinbau, dessen Fassade durch verputzte Friese und Kreise mit farbig glasierten Terrakotten akzentuiert wird, ragt ein prächtiger Renaissancegiebel empor. Seit Ende des Zweiten Weltkrieges beherbergt das Bauwerk die Lüneburger Industrie- und Handelskammer.

Ein Unternehmen ganz besonderer Art ist die **von Stern'sche Druckerei** in Lüneburg. Gegründet 1580 von Hans Stern als Buchbinderei und 1614 um eine Buchdruckerei erweitert, befindet sie sich heute in 14.(!) Generation in Familienbesitz. Mehr als 350 Jahre befand sich die Druckerei unter dem Namen »Offizin der Sterne« unter der Adresse Am Sande 31, 1982 zog sie in die Zeppelinstraße im Gewerbegebiet Lüneburg-Ost um. Legendär sind die zahlreichen, oft kunstvoll illustrierten Bibelausgaben, die im 17. und 18. Jahrhundert bei »den Sternen« entstanden und für die die Familie 1645 in den erblichen Adelsstand erhoben wurde.

23 | Grapengießerstraße

Die Grapengießerstraße, die rechts vom IHK-Gebäude ihren Lauf nimmt, stellte eine wichtige Verbindung zwischen den Siedlungen rund um den Kalkberg bzw. der Ilmenau dar. Hier wohnten vor allem Handwerker wie Kupferschmiede, Glocken-, Erz- und Grapengießer, die der Straße ihren Namen gaben. Sie fertigten die im Mittelalter unentbehrlichen Grapen an, bronzene Kessel mit drei Füßen und zwei Henkeln, die an Kesselhaken über eine offene Feuerstelle gehängt oder direkt in die Glut gestellt wurden. In der heute belebten Einkaufsstraße lassen sich abwechslungsreiche Giebelhäuser bewundern. Linker Hand, an der Einmündung der Engen Straße, befindet sich einer der größten patrizischen Gebäudekomplexe der Stadt (Nr. 45), dessen Anfänge auf das frühe 14. Jahrhundert zurückgehen. Ein sehenswertes architektonisches Fassadendetail ist die sogenannte Zwerggalerie unter dem Dach. Aus dem 16. Jahrhundert datiert der siebenteilige Giebel des gegenüberliegen-

Grapengießerstraße 15

Schrangenplatz

den Hauses (Nr. 15), dessen Geschosse durch verputzte Friese hervorgehoben sind. Über die Kuhstraße erreicht man den Schrangenplatz, an dem sich Obere und Untere Schrangenstraße treffen und sich früher die Verkaufsbuden der Schlachter befanden. Als Schranken oder niederdeutsch Schrangen bezeichnete man Tische oder Tresen zum Verkauf. Heute laden rund um den Schrangenplatz zahlreiche Restaurants und Cafés zum Verweilen ein.

In der Straße An der Münze ist ein Seitenflügel der namensgebenden Münze (Nr. 8a) aus der Mitte des 16. Jahrhunderts erhalten. Ein Tausteinfries mit farbigen Terrakottamedaillons ist Blickfang des Gebäudes.

24 | Alte Raths-Apotheke

Am Ausgang der Apothekenstraße erhebt sich rechter Hand die alte Raths-Apotheke. Bereits im ausgehenden 13. Jahrhundert ist für Lüneburg ein Apotheker belegt. Seit dem frühen 15. Jahrhundert befand sich in der Großen Bäckerstraße 5 eine Apotheke, die 1475 vom Rat der Stadt gekauft wurde. Seit ihrer Verlegung im Jahre 1524 befindet sich die Raths-Apotheke an ihrem heutigen Standort in der Großen Bäckerstraße 9. Als der Rat im

17. Jahrhundert eine weitere Apotheke Auf dem Meere eröffnete, bürgerte sich ihr Name »Alte Raths-Apotheke« ein. Seit 1827 ist die Raths-Apotheke in Privatbesitz.

1598 baute man den gotischen Vorgängerbau im Stil der Renaissance um. Das Bauwerk erhielt einen Staffelgiebel mit vier übereinanderliegenden Fensterarkadenreihen. Auf dem Sandsteinfries darunter prangt eine lateinische Inschrift aus dem Buch der Weisheit des Alten Testaments, die nach der Übersetzung Luthers heißt: »Es heilete sie weder Kraut noch Pflaster, sondern Dein Wort, Herr, welches alles heilet.« Am auffälligsten ist das farbenfrohe Portal der Apotheke. Über zwei Geschosse reichend, stehen über den beiden mit Kartuschen verzierten Sockelsteinen zwei Figuren, jede ein Apothekengefäß umfassend. In den Zwickelfeldern des Rundbogens werden zwei wichtige Sinne des Berufsstandes symbolisiert: die Frau rechts mit dem Affen verkörpert Gustus, den Geschmack, ihr linkes Pendant mit Hund steht für Olfactus, den Geruch. Über dem Architrav prangt ein Fries mit dem Stadtwappen sowie ein lateinisches Epigramm, das sich ebenfalls auf die Apotheke bezieht: »Nach dem Beschlusse des Rates, unter Bürgermeister von Dassel, wurde vom eigenen Geld die Apotheke hier gebaut. Kräuter und Säfte gibts hier und vielerlei Medikamente, welche Hippokrates schätzt, auch Paracelsus empfiehlt. Aber auf Büchsen und Döschen des Lebens Hoffnung zu gründen, wäre ein Trug, unser Heil steht bei dem Höchsten, bei Gott. Darum, Christus, sei gnädig, gib wirkende Kräfte den Stoffen, dass es die Medizin merke, woher ihre Macht stammt.«

Große und Kleine Bäckerstraße verbinden den Markt mit dem Platz Am Sande. Einst Wohnsitz wohlhabender Patrizier, herrscht hier seit Jahrhunderten reges Treiben. Einen Eindruck der prachtvollen Bürgerhäuser gewinnt man in der Großen Bäckerstraße 5 auf der linken Straßenseite in Richtung Markt oder in der gegenüberliegenden Nr. 26. In entgegengesetzter Richtung, die Raths-Apotheke passierend, setzt sich der Stadtrundgang in der Glockenstraße fort. An ihrem Eingang, der Trauffassade des Gebäudes Große Bäckerstraße 15, haben sich sehenswerte tausteinumrahmte Medaillons erhalten; der sich anschließende Hofflügel besitzt reich geschnitztes Fachwerk.

NON TVTVM A SVMMO VITA PETENDA DEO
Raths-Apotheke

Glockenhof

Hermann Löns
1866–1914, Journalist und Schriftsteller. Nach Abbruch seines Studiums, das ihn u.a. nach Greifswald, Göttingen und Münster geführt hatte, erlangte Löns ab 1892 als Journalist in Hannover große Bekanntheit und verkehrte in hohen gesellschaftlichen Kreisen. Ruhe vom städtischen Trubel fand der passionierte Jäger in der Lüneburger Heide, für deren Schutz als ersten deutschen Naturpark sich der »Heidedichter« einsetzte. Löns' Prosa und Lyrik umfasst zahlreiche Tier- und Jagdgeschichten sowie Landschaftsschilderungen. Als Kriegsfreiwilliger zog Löns 1914 an die Front, wo er nach knapp einem Monat fiel.

25 | Glockenhaus

Der Name des Glockenhauses verweist darauf, dass in einem Vorgängerbau Glocken gegossen wurden. Der Neubau von 1482–1484 hingegen diente als Zeughaus, in dem die Waffen der Stadt deponiert und die vier Dachgeschosse als Kornlager genutzt wurden. Die 40 Meter lange Hauptfront, für die Erbauungszeit recht gewaltig, schmücken mehrere Medaillons, zwei Zierfriese und ein Spitzbogenportal. Am Ostgiebel des Glockenhauses ist die Stadtmarke in das Mauerwerk eingearbeitet. Während in den 1960er Jahren noch die Nutzung des Glockenhauses als Parkhaus, Einkaufszentrum oder Hotel diskutiert wurde, finden seit der Sanierung in den 1970er Jahren im Erdgeschoss mit seinen von mächtigen Stützen getragenen Deckenbalken Veranstaltungen statt, die Obergeschosse dienen der Verwaltung.

Hinter dem Glockenhaus öffnet sich der Glockenhof, der einst als städtischer Bauhof zur Lagerung von Baumaterialien diente. Heute steht hier die Luna-Säule des Künstlers Erich Brüggemann. Die Aufstellung der Plastik 1977 wurde von kritischen Leserbriefen in der Lüneburger Zeitung begleitet, die die »Trauersäule« als Schandfleck bezeichneten.

26 | Am Berge

Portal Am Berge 37

Der Straßenname Auf dem Wüstenort, die Verbindung zur Straße Am Berge, weist darauf hin, dass diese Gegend zwischen den drei Lüneburger Siedlungsbereichen im Mittelalter lange Zeit unbebaut blieb. Angesichts zweier umliegender schnöder Nachkriegsbauten – Kauf- bzw. Parkhaus – trifft die Bezeichnung heute leider fast wieder zu. »Supra montem«, wie es in einer Quelle von 1313 heißt, ist tatsächlich für den mittleren Teil der Straße Am Berge zutreffend. Biegt man nach links, reihen sich auf der linken Seite vier Backsteinhäuser aus dem 15. und 16. Jahrhundert mit schönen Giebeln aneinander. Gegenüber, Am Berge 37, zieht ein aufwendig gestaltetes, auf 1568 datiertes Portal die Blicke auf sich. Der rundbogige Eingang wird flankiert von zwei Karyatiden (Figuren mit einer tragenden Funktion) und bekrönt von den allegorischen Figuren der Gerechtigkeit und des Friedens. Das Gebäude selbst ist ein »Scheintraufenhaus«, denn hinter der 1568 vorgeblendeten Fassade befinden sich zwei Giebelhäuser. Es lohnt der Gang in den Hof, von dem aus man Giebel sowie den interessanten Hofflügel bestaunen kann.

An der Einmündung der Conventstraße befindet sich mit dem Brömsehaus (Nr. 35) eines der ältesten Lüne-

Brömsehaus

burger Patrizierhäuser, das im 15. Jahrhundert für den Sülfmeister Dietrich Brömse erbaut wurde. Neben dem reich profilierten Portal verweisen die hohen Fenster auf die dahinter liegende Diele. Im Gegensatz zur schlichten Hauptfassade, deren Giebel in den 1930er Jahren teilweise abgebrochen wurde und danach seine heute asymmetrische Form erhielt, ist die Hoffront mit erhaltenem Staffelgiebel und großem Dielenfenster aufwendiger gestaltet. Die bleiverglasten bunten Fenster erinnern mit Wappen und Namen an jene Spender, die das baufällige Brömsehaus 1937 in letzter Minute vor dem Abbruch bewahrten. Die spitzbogigen Öffnungen an der Südwand des Gebäudes stammen von der Kirche des Klosters Heiligenthal, das sich hier 1382–1530 befand. Zuletzt als Salzspeicher genutzt, wurde das verwahrloste Gotteshaus Anfang des 18. Jahrhunderts abgebrochen.

Die innere Struktur des Brömsehauses blieb seit 1637 unverändert erhalten. Beeindruckend ist die zweigeschossige Diele mit ihrer bemalten Holzbalkendecke, reich verziertem Treppenaufgang und Galerien sowie das Kontor mit Stuckdecke. Heute ist das Brömsehaus Eigentum der Deutschbaltischen Kulturstiftung. Gemeinsam mit dem ebenfalls hier ansässigen Institut für Kultur und Geschichte der Deutschen in Nordosteuropa e. V. nutzt sie das Haus für Veranstaltungen.

Über die enge Papenstraße erreicht man die Wandfärberstraße mit dem für Lüneburg ungewöhnlichen, frei stehenden Fachwerkbau.

27 | St. Johannis

Besichtigung Mo–Sa 10.30–16.30 Uhr, So bis 16 Uhr
Kirchenführung Mai–Okt.: Sa 12 Uhr, So 11.15 Uhr

Zu den schönsten Bauwerken der norddeutschen Backsteingotik gehört St. Johannis zu Lüneburg. 1174 erstmals erwähnt, gehen seine Ursprünge als eine der ältesten Kirchen in Niedersachsen vermutlich bis ins 10. Jahrhundert zurück. Der Bau des bis heute erhaltenen Gotteshauses begann um 1289 als »moderne« Hallenkirche mit drei etwa gleich hohen Kirchenschiffen. Im 14. Jahrhundert wurde das Bauwerk erst um ein südliches, dann um ein

Rechts: Blick vom Wasserturm auf St. Johannis

nördliches Seitenschiff mit jeweils selbständigen Dächern erweitert, außerdem wurden Sakristei und Turm errichtet. Das im Osten liegende Chorpolygon ergänzte man im 15. Jahrhundert um Seitenchöre.

Der Kirchturm fiel kurz nach seiner Errichtung einem Brand zum Opfer und wurde ab 1406 in seiner heutigen Gestalt neu erbaut. Der quadratische, gedrungen wirkende Turm trägt einen steilen Achteckhelm und vier reich mit Maßwerk und Blenden verzierte Giebel. Rund vier Jahrhunderte später, 1801, stürzte die Turmspitze herunter und musste erneuert werden. Heute weicht die Spitze des »schiefen Turmes von Lüneburg« rund 2,20 Meter nach Westen und 1,30 Meter nach Süden vom Lot ab. Die Turmführergilde Lüneburg bietet regelmäßig Führungen auf den Kirchturm an. Allmorgendlich erklingt der Turmbläserchoral (Mo–Fr 9 Uhr, Sa 10 Uhr).

Ein tief in den Westturm eingeschnittenes Portal gewährt Einlass in das Innere von St. Johannis. Zu den bedeutendsten Ausstattungsstücken der Kirche, die 1856 bzw. 1909 im Zuge der Erneuerung des Innenraumes »entbehrliche Schönheiten aus katholischer Zeit« verkaufte, zählt der Hauptaltar, dessen Einzelteile 1430–1483 geschaffen wurden. Das Zentrum des geschnitzten Retabels bildet die Kreuzigung Christi mit 14 flankierenden Szenen aus der Passions- und Ostergeschichte. Beidseits des Hauptchores liegen die Emporen der Seitenchöre, links für die Junkerngilde, rechts für den Rat der Stadt (»Ratslektor«).

Im nördlichen Seitenschiff hängt der um 1490 geschaffene Marienleuchter – der Baldachin umschließt, Rücken an Rücken stehend, eine Madonna im Strahlenkranz und einen Bischof. Wenige Schritte entfernt steht das bronzene, aus der Lambertikirche stammende Taufbecken (1540). Im nördlichen Nebenchor sind ein sandsteinernes Verkündigungsrelief (1515) sowie der Kreuzigungsaltar (um 1520) sehenswert. In der benachbarten St. Ursula-Kapelle werden heute sakrale Schätze gezeigt. Einst mit fast 40 Altären ausgestattet, traten nach der Reformation an deren Stelle Grabmäler. Als eindrucksvollste sind hier die beiden farbig gefassten Sandsteinepitaphe an den beiden westlichen Pfeilern zu nennen, im 16. Jahrhundert geschaffen für Hartwig und Nikolaus Stöterogge.

Marienleuchter

Auf der Westempore steht eine der bedeutendsten Orgeln in Norddeutschland. 1551–1553 schuf der Niederländer Hendrik Niehoff, der führende Orgelbauer seiner Zeit, eine große Renaissanceorgel. Der Renovierung durch Friedrich Stellwagen im Jahre 1652 folgte unter dem Organisten Georg Böhm, Lehrer von Johann Sebastian Bach, 1712–1715 der Umbau zu einem Instrument im Stil des norddeutschen Barock.

28 | Kalandhaus

Das im ausgehenden 15. Jahrhundert errichtete Gebäude beherbergte die Kalandsbruderschaft. Im Mittelalter in Europa weit verbreitet, versammelten sich darin wohlhabende Lüneburger von weltlichem wie auch geistlichem Stand, um gemeinsam zu beten und wohltätige Dienste für Arme und Kranke zu erfüllen. Da sich die Mitglieder eines Kalands regelmäßig am ersten Tag eines Monats trafen, benannten sie sich nach den »kalendae« des römischen Kalenders. Im Zuge der Reformation scharf kritisiert, löste sich die Bruderschaft 1532 auf.

Fortan im Besitz der Stadt, beherbergte das Gebäude den Rektor des benachbarten Johanneums, dessen

klassizistischer Schulbau in Blickweite steht. Von August bis November 1943 befand sich im Kalandhaus ein Außenlager des Konzentrationslagers Hamburg-Neuengamme, in dem mehr als 150 Häftlinge untergebracht waren.

29 | Ratsmühle

Am Eintritt der Ilmenau in die Stadt steht die Ratsmühle. Vom Herzog ging sie 1332 zunächst in den Besitz der Ratsfamilie von der Molen und 1407 an den Rat der Stadt über. Im Laufe der Jahrhunderte wurden im Ratsmühlenhof neben zwei Kornmühlen verschiedene Mühlen betrieben, darunter Loh-, Walk- und Beutlermühle sowie Papier-, Öl- und Schleifmühle. Um die Stadt mit Trinkwasser zu versorgen, wurde ab 1568 die Ratswasserkunst erbaut. Das Schöpfwerk des schlichten Backsteinturms mit einem Obergeschoss aus Fachwerk wurde von einem Wasserrad der Ratsmühle angetrieben. Ein weiteres der insgesamt zwölf Wasserräder setzte ein Balkengestänge in Bewegung, dass 1782–1865 Solepumpen in der über einen Kilometer entfernten Saline antrieb. 1928 wurde der Betrieb der Ratsmühle eingestellt.

Wolfgang Borchert
1921–1947, Schriftsteller. In Hamburg geboren, absolvierte Borchert eine Buchhändlerlehre und nahm nebenbei Schauspielunterricht. 1941 erhielt er in Lüneburg ein Engagement an der Landesbühne Osthannover. Bereits nach wenigen Monaten endete die nach eigenen Worten »schönste Zeit« seines Lebens, da Borchert zum Militärdienst an die Ostfront eingezogen wurde. Verwundet und schwerkrank kehrte Borchert 1945 nach Hamburg zurück, wo viele seiner Kurzgeschichten und das Drama »Draußen vor der Tür« entstanden.

30 | Wasserturm

10–18 Uhr

Zu Beginn des 19. Jahrhunderts stiegen der Wasserbedarf der Lüneburger Bevölkerung sowie die technischen und hygienischen Anforderungen der Trinkwasserversorgung sprunghaft an – ein neuer Wasserturm mit einer modernen Wasseraufbereitungsanlage musste her. Der Bau des Architekten Franz Krüger wurde auf dem nahegelegenen Grund des Roten Walls der ehemaligen Stadtbefestigung errichtet, um die Pumpen der Ratsmühle zur Wasserbeförderung aus dem Tiefbrunnen weiterhin nutzen zu können. 1907 ging der 56 Meter hohe Wasserturm, der mit seinen Zinnen, Türmen, Friesen und Pfeilern die Backsteingotik zitiert, in Betrieb. Obwohl der Behälter in 40 Metern Höhe bei einem Durchmesser von fast zehn Metern 500 000 Liter Wasser fasste, war seine Kapazität bereits 1913 erschöpft und das gespeicherte Wasser im Laufe eines Vormittages verbraucht.

Der 1985 stillgelegte, heute unter Denkmalschutz stehende Wasserturm wurde 2000 der Öffentlichkeit zugänglich gemacht. Von der Aussichtsterrasse bietet sich ein wunderschöner Blick auf Lüneburg, die Heide und bei gutem Wetter sogar bis Hamburg. Eine Ausstellung widmet sich dem »blauen Gold« von der früheren Lüneburger Wasserversorgung bis hin zur aktuellen, weltweiten Situation. Ergänzt wird das Angebot durch regelmäßige Wechselausstellungen sowie die Möglichkeit, den Turm für Tagungen oder Hochzeiten zu mieten – dass Letzeres rege genutzt wird, zeigen die vielen Gravuren auf der Aussichtsterrasse. Auf der Galerie des Wasserturms sorgt seit 2012 ein Bienenvolk für rund 30 Kilogramm Honig pro Jahr, von dessen Geschmack man sich im Foyer selbst überzeugen sollte.

31 | Museum Lüneburg

Di/Mi/Fr 11–18 Uhr, Do 11–20 Uhr, Sa/So 10–18 Uhr

Über die Altenbrückertorstraße verlässt man die Lüneburger Altstadt. Die früh in den Quellen auftauchende »Alte Brücke« war seit jeher ein wichtiger Übergang über Ilmenau und Lösegraben, der einträgliches Wegegeld einbrachte. 1581 erwarb die Stadt die Brücke aus herzog-

Fürstentum Lüneburg
Das Territorium des späteren Fürstentums Lüneburg war bis ins 12. Jahrhundert Teil des Herzogtums Sachsen. Als Kaiser Friedrich I. 1180 über den sächsischen Welfenherzog Heinrich den Löwen die Reichsacht verhängte, wurde das Herzogtum zerschlagen. Heinrichs Enkel, Otto das Kind, wurde 1235 mit dem neu gegründeten Herzogtum Braunschweig-Lüneburg belehnt. Durch dessen Teilung entstand 1269 das Fürstentum Lüneburg. Nach dem Aussterben der Lüneburger Linie entschieden die Braunschweiger Welfen im 14. Jahrhundert den Lüneburger Erbfolgekrieg gegenüber den Wittenberger Askaniern zu ihren Gunsten.

lichem Besitz. Im dazugehörigen Altenbrücker Tor, 1764 abgebrochen, wohnten Torwächter und Zollaufseher sowie zwei Witwen, die für die Sauberkeit des Durchgangs zu sorgen hatten. Der heutige Brückenbau stammt aus dem 19. Jahrhundert.

Am Ufer der Ilmenau befindet sich das Museum Lüneburg. 1891 eröffnet, wurde das alte Museumsgebäude 1945 durch Brandbomben teilweise zerstört und in den 1970er Jahren um einen Neubau ergänzt. Zuletzt mehrere Jahre geschlossen, präsentiert das neu konzipierte Museum seit 2015 die zusammengeführten Sammlungen des ehemaligen Museums für das Fürstentum Lüneburg, des vormaligen Naturmuseums und der Stadtarchäologie. Das Museum widmet sich in einer interdisziplinären Dauerausstellung den Wechselbeziehungen zwischen Natur, Mensch und Kultur von den Eiszeiten bis in die Gegenwart. Gezeigt wird z. B., wie der Kalkberg entstand und warum die Geologie so wichtig für das heutige Erscheinungsbild von Lüneburg ist. Ausgrabungsfunde aus der Lambertikirche oder aus Kloaken gewähren spannende Einblicke in den Lüneburger Alltag in der Zeit vom 13. bis zum 17. Jahrhundert. Die Fürstengruft aus der St. Michaeliskirche, ein Raritätenkabinett aus dem 18. Jahrhundert sowie Natur- und Denkmalschutz im 20. und 21. Jahrhundert sind weitere Themenbereiche des Museums. Erstmals wird hier auch die NS-Zeit in Lüneburg präsentiert, eine Medienstation dokumentiert anhand eines Stadtmodells von 1934 die Stätten der NS-Herrschaft.

Lyonel Feininger
1871–1956, Maler und Grafiker. In New York als Sohn eines deutschen Ehepaares geboren, lebte Feininger seit 1887 in Deutschland. Seit 1909 Mitglied der Künstlergruppe »Berliner Secession«, lehrte er ab 1919 am Bauhaus in Weimar, später Dessau. Im Sommer 1921 bereiste Feininger mit seiner Frau Norddeutschland und hielt sich mehrere Tage in Lüneburg auf, »dessen rhythmische Aufteilung dieser wunderschönen Fassaden alter Giebelhäuser« einen nachhaltigen Eindruck bei ihm hinterließ. Aufgrund der politischen Lage und seiner Diffamierung als »entarteter Künstler« durch die Nationalsozialisten kehrte Feininger 1937 in seine Geburtsstadt zurück. Er ist besonders durch seine kubistischen Stadtansichten bekannt.

32 | Kloster Lüne

April–15. Okt.: **Klosterbesichtigung** nur mit Führung Di–Sa 10.30, 14.30, 15.30 Uhr, So 11.30, 14.30, 15.30 Uhr; **Klostergelände** 10–18 Uhr; **Textilmuseum** Di–Sa 10.30–12.30, 14.30–17 Uhr, So 11.30–13 Uhr, 14.30–17 Uhr; **ökum. Vesper** mit Nonnenchor 2./4. Fr 17.30 Uhr

Über den Treidelweg an der Ilmenau oder den Lüner Weg gelangt man zum malerischen Komplex des Klosters Lüne. 1172 gegründet, übernahm der Frauenkonvent im 13. Jahrhundert die benediktinische Klosterregel. Nach einem verheerenden Brand 1372 wurde das Kloster neu errichtet und bis ins 18. Jahrhundert hinein um mehrere Gebäude erweitert. Die lutherische Lehre setzte sich, nach vehementem Widerstand der altgläubigen Nonnen, erst Mitte des 16. Jahrhunderts im Kloster Lüne durch. Seit dieser Zeit lebt der nun evangelische Konvent nach der Klosterordnung des jeweiligen Landesherren in einer Lebens-, Glaubens- und Arbeitsgemeinschaft.

Neben der reich ausgestatteten Klosterkirche aus dem 14. Jahrhundert zählen die Brunnenhalle mit dem gotischen Handstein-Brunnen, der den Klosterfriedhof umschließende Kreuzgang sowie der Kapitelsaal zu den Sehenswürdigkeiten der Anlage. Außerdem sind Winter- bzw. Sommerremter zu bewundern sowie die ehemaligen kargen Nonnenzellen, die sich in langen Holzkorridoren – »Sarggang« und »Uhlenflucht« – aneinanderreihen.

Das Kloster Lüne ist darüber hinaus bekannt für seine von den Benediktinerinnen gefertigten textilen Kunstwerke, die ältesten aus der Zeit um 1250, die seit 1995 im klösterlichen Textilmuseum gezeigt werden. Dazu gehören u. a. Altardecken und Fastentücher aus dem 13. und 14. Jahrhundert sowie Banklaken und Teppiche, gestickt um 1500. Außerdem werden einzigartige Prozessionsfahnen in Temperamalerei aus der Zeit um 1400 präsentiert.

Lüneburg an einem Tag. Ein Stadtrundgang
Herausgegeben von Mark Lehmstedt

Text: Kristina Kogel
Lektorat: Kristina Schulze / Lehmstedt Verlag
Karte: OpenStreetMap-Mitwirkende, geodressing.de
Fotos: Kristina Kogel, außer: Torsten Pape (S. 4, 45), St. Nicolai Lüneburg (S. 10), Lüneburg Marketing GmbH (S. 15), Andreas Schindler (S. 40), Verlagsarchiv
Gestaltung: Mareike Bardenhagen / Lehmstedt Verlag
Druck: druckhaus köthen GmbH & Co. KG, Köthen (Anhalt)

Umschlag:
1: Am Stintmarkt
2: Auf dem Meere
3: Stadtansicht von Matthäus Merian, 1654
4: Am Sande, Ansichtskarte, 1919
5: Detail des Portals Am Berge 37
6: Wappenrelief am Historischen Kaufhaus
S. 48: Details am Rathaus

3. aktualisierte Auflage, 2020
ISBN 978-3-95797-018-3